This Notebook Belongs to

....

....

HOW I FEEL TO DAY

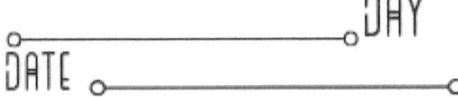

DATE

DAY

THOUGHTS

HOW I FEEL TO DAY

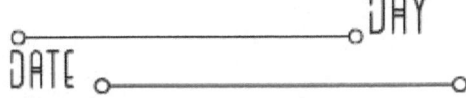

DAY

DATE

THOUGHTS

HOW I FEEL TO DAY

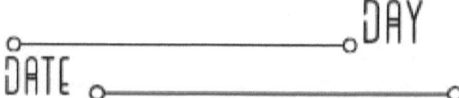

DAY

DATE

THOUGHTS

_____

_____

_____

_____

_____

_____

_____

_____

_____

HOW I FEEL TO DAY

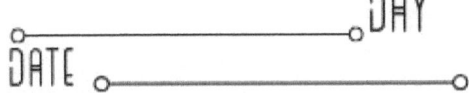

DAY

DATE

THOUGHTS

_____

_____

_____

_____

_____

_____

_____

_____

HOW I FEEL TO DAY

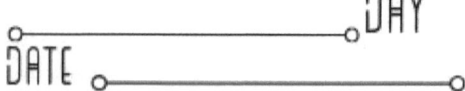

DAY
DATE

THOUGHTS

HOW I FEEL TO DAY

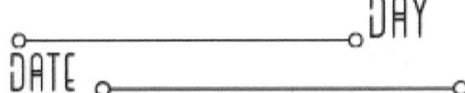

DAY

DATE

THOUGHTS

_____

_____

_____

_____

_____

_____

_____

_____

HOW I FEEL TO DAY

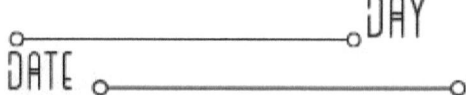

DAY

DATE

THOUGHTS

HOW I FEEL TO DAY

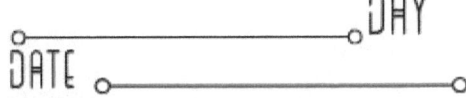
DAY

DATE

THOUGHTS

_____

_____

_____

_____

_____

_____

_____

HOW I FEEL TO DAY

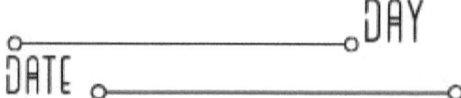

DATE ——————— DAY

THOUGHTS

_____

_____

_____

_____

_____

_____

_____

_____

HOW I FEEL TO DAY

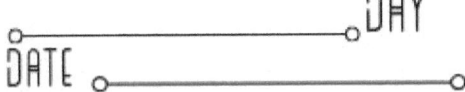

DAY

DATE

THOUGHTS

HOW I FEEL TO DAY

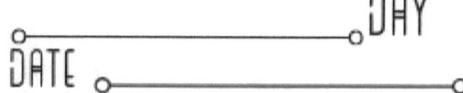

DAY

DATE

THOUGHTS

HOW I FEEL TO DAY

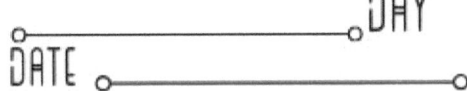

DAY

DATE

THOUGHTS

_____

_____

_____

_____

_____

_____

_____

_____

HOW I FEEL TO DAY

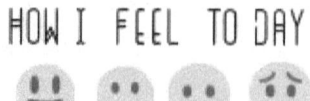

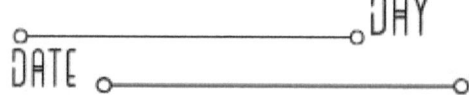

DAY

DATE

THOUGHTS

_____

_____

_____

_____

_____

_____

_____

HOW I FEEL TO DAY

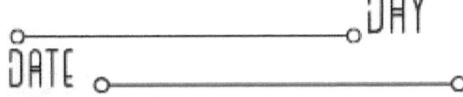

DAY

DATE

THOUGHTS

HOW I FEEL TO DAY

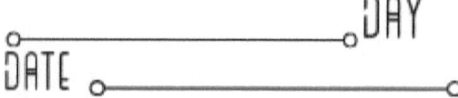

DAY

DATE

THOUGHTS

HOW I FEEL TO DAY

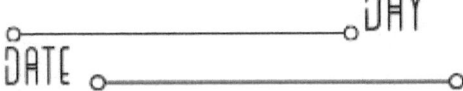

DATE

DAY

THOUGHTS

HOW I FEEL TO DAY

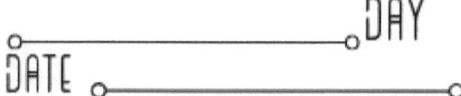

DAY
DATE

THOUGHTS

HOW I FEEL TODAY

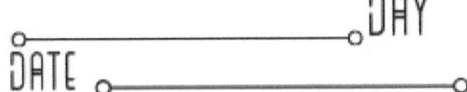

DATE

THOUGHTS

_____

_____

_____

_____

_____

_____

_____

_____

HOW I FEEL TO DAY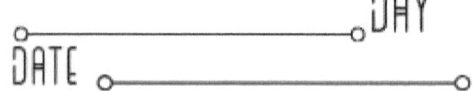

DAY

DATE

THOUGHTS

HOW I FEEL TO DAY

DAY

DATE

THOUGHTS

HOW I FEEL TO DAY

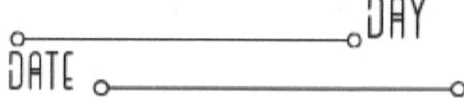

DAY

DATE

THOUGHTS

HOW I FEEL TO DAY

DAY

DATE

THOUGHTS

HOW I FEEL TO DAY

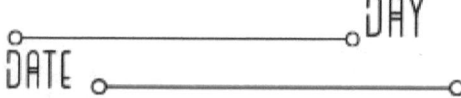

DAY

DATE

THOUGHTS

HOW I FEEL TO DAY

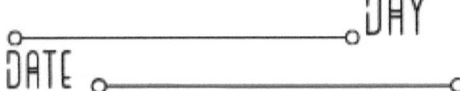

DAY

DATE

THOUGHTS

_____

_____

_____

_____

_____

_____

_____

_____

HOW I FEEL TO DAY

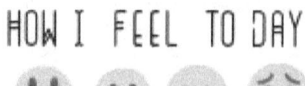

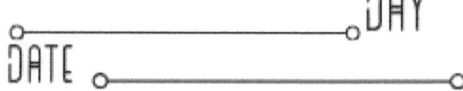

THOUGHTS

HOW I FEEL TO DAY

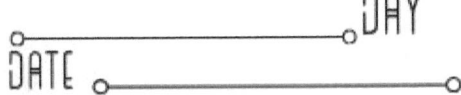

DAY

DATE

THOUGHTS

_____

_____

_____

_____

_____

_____

_____

_____

HOW I FEEL TO DAY

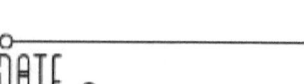

DAY

DATE

THOUGHTS

_____

_____

_____

_____

_____

_____

_____

_____

_____

HOW I FEEL TO DAY

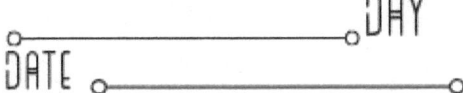

DAY

DATE

THOUGHTS

_____

_____

_____

_____

_____

_____

_____

_____

HOW I FEEL TO DAY

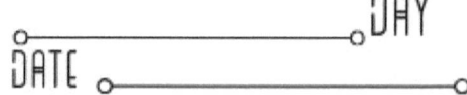

DAY

DATE

THOUGHTS

_____

_____

_____

_____

_____

_____

_____

_____

HOW I FEEL TO DAY

DAY _____

DATE _____

THOUGHTS

_____

_____

_____

_____

_____

_____

_____

_____

HOW I FEEL TO DAY

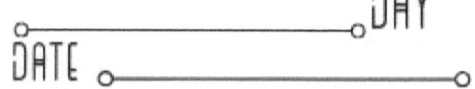

DAY

DATE

THOUGHTS

HOW I FEEL TO DAY

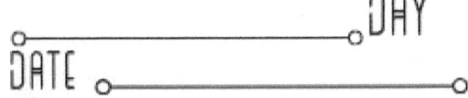
DAY
DATE

THOUGHTS

_____

_____

_____

_____

_____

_____

_____

_____

HOW I FEEL TO DAY

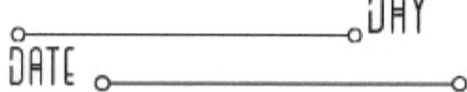

DATE _____ DAY

THOUGHTS

_____

_____

_____

_____

_____

_____

_____

_____

HOW I FEEL TO DAY

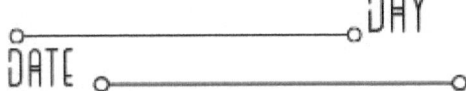

DAY

DATE

THOUGHTS

_____

_____

_____

_____

_____

_____

_____

_____

_____

HOW I FEEL TO DAY

😄 🙂 😐 😟

THOUGHTS

HOW I FEEL TO DAY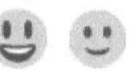

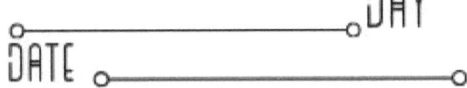

THOUGHTS

HOW I FEEL TO DAY

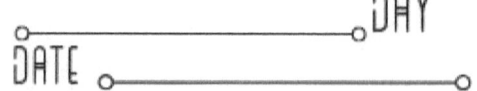

DAY _____
DATE _____

THOUGHTS

_____
_____
_____
_____
_____
_____
_____
_____

HOW I FEEL TO DAY

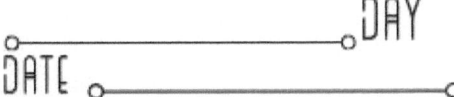

DAY

DATE

THOUGHTS

_____

_____

_____

_____

_____

_____

_____

HOW I FEEL TO DAY

DAY

DATE

THOUGHTS

_____

_____

_____

_____

_____

_____

_____

_____

HOW I FEEL TO DAY

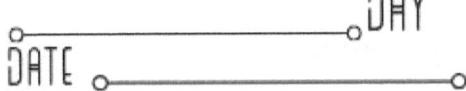

DAY

DATE

THOUGHTS

HOW I FEEL TO DAY

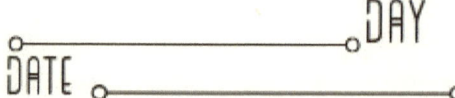

DAY

DATE

THOUGHTS

_____

_____

_____

_____

_____

_____

_____

_____

HOW I FEEL TO DAY

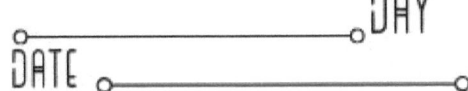

DAY

DATE

THOUGHTS

_____

_____

_____

_____

_____

_____

_____

_____

_____

HOW I FEEL TO DAY

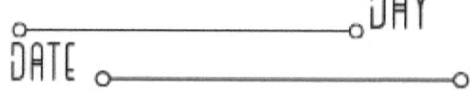

DATE ———————o DAY

THOUGHTS

HOW I FEEL TO DAY

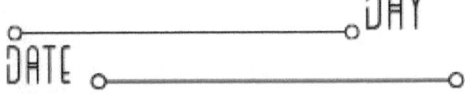

DAY

DATE

THOUGHTS

HOW I FEEL TO DAY

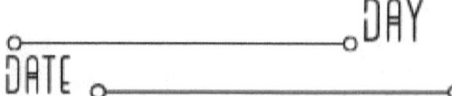

DAY

DATE

THOUGHTS

HOW I FEEL TO DAY

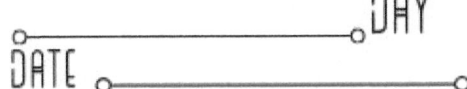

DAY

DATE

THOUGHTS

_____

_____

_____

_____

_____

_____

_____

_____

_____

_____

HOW I FEEL TO DAY

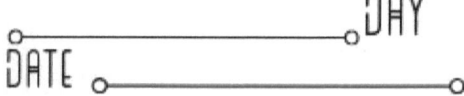

DAY

DATE

THOUGHTS

HOW I FEEL TO DAY

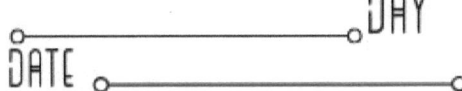

DAY

DATE

THOUGHTS

_____

_____

_____

_____

_____

_____

_____

_____

_____

HOW I FEEL TO DAY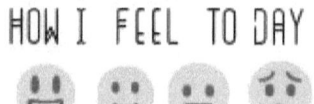

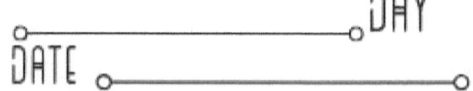 DAY

DATE

THOUGHTS

HOW I FEEL TO DAY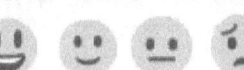

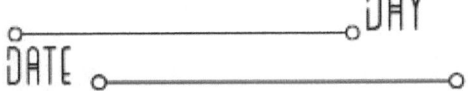

THOUGHTS

_____

_____

_____

_____

_____

_____

_____

_____

HOW I FEEL TO DAY

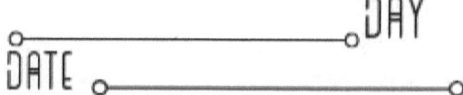

DAY

DATE

THOUGHTS

HOW I FEEL TO DAY

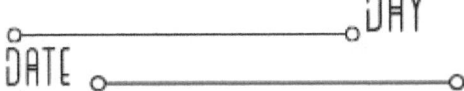

DAY

DATE

THOUGHTS

_____

_____

_____

_____

_____

_____

_____

_____

HOW I FEEL TO DAY

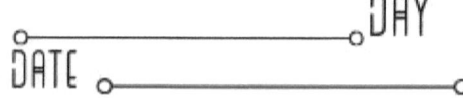

DAY

DATE

THOUGHTS

_____

_____

_____

_____

_____

_____

_____

_____

HOW I FEEL TO DAY

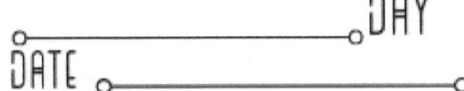

DAY

DATE

THOUGHTS

_____

_____

_____

_____

_____

_____

_____

_____

HOW I FEEL TO DAY

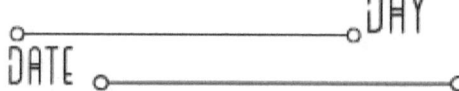

DAY
DATE

THOUGHTS

_____

_____

_____

_____

_____

_____

_____

_____

HOW I FEEL TO DAY

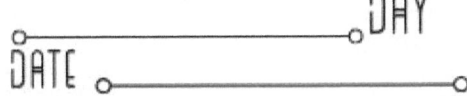

DAY

DATE

THOUGHTS

HOW I FEEL TO DAY

😃 🙂 😐 😟

DATE ────────○ DAY
────○ ──────────○

THOUGHTS

_____

_____

_____

_____

_____

_____

_____

_____

_____

HOW I FEEL TO DAY

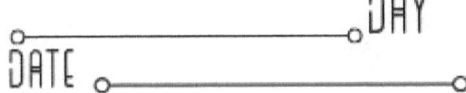

DAY _____

DATE _____

THOUGHTS

_____

_____

_____

_____

_____

_____

_____

_____

HOW I FEEL TO DAY

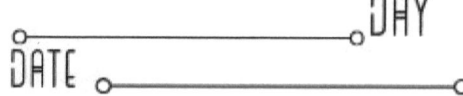

DAY

DATE

THOUGHTS

HOW I FEEL TO DAY

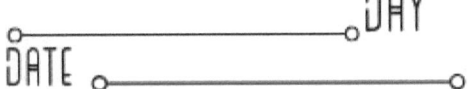

DAY

DATE

THOUGHTS

HOW I FEEL TO DAY

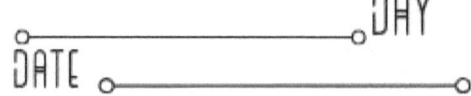

DAY

DATE

THOUGHTS

HOW I FEEL TO DAY

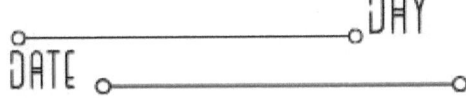
DAY
DATE

THOUGHTS

HOW I FEEL TO DAY

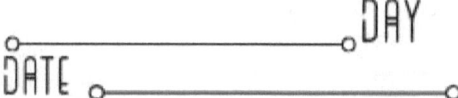

DAY

DATE

THOUGHTS

_____

_____

_____

_____

_____

_____

_____

_____

HOW I FEEL TO DAY

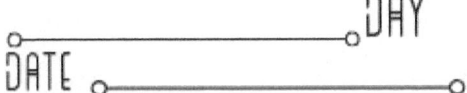

DAY

DATE

THOUGHTS

HOW I FEEL TO DAY

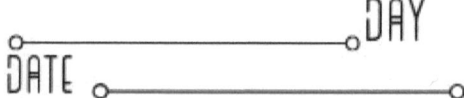

DATE

THOUGHTS

_____

_____

_____

_____

_____

_____

_____

_____

HOW I FEEL TO DAY

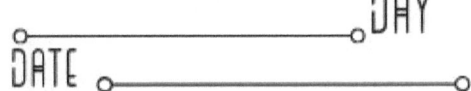

DAY

DATE

THOUGHTS

_____

_____

_____

_____

_____

_____

_____

_____

HOW I FEEL TO DAY

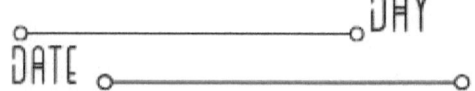

DAY

DATE

THOUGHTS

HOW I FEEL TO DAY

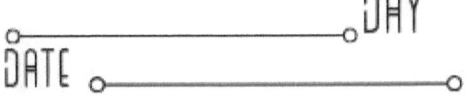

DAY

DATE

THOUGHTS

HOW I FEEL TO DAY

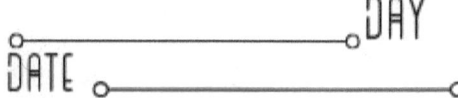

DAY

DATE

THOUGHTS

HOW I FEEL TO DAY

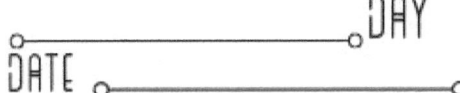

DAY

DATE

THOUGHTS

_____

_____

_____

_____

_____

_____

_____

HOW I FEEL TO DAY

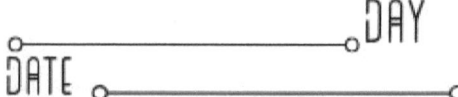

DAY ○————————○

DATE ○————————○

THOUGHTS

HOW I FEEL TO DAY

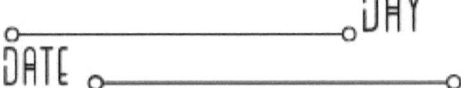

DAY

DATE

THOUGHTS

_____

_____

_____

_____

_____

_____

_____

_____

_____

HOW I FEEL TO DAY

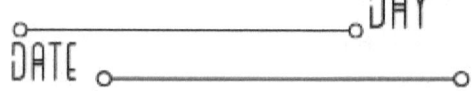

DATE

DAY

THOUGHTS

HOW I FEEL TO DAY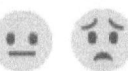

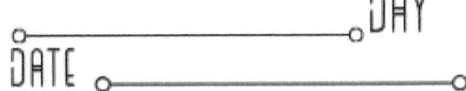

THOUGHTS

_____

_____

_____

_____

_____

_____

_____

HOW I FEEL TO DAY

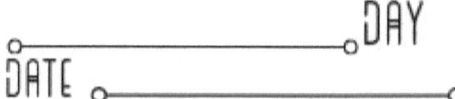

DAY

DATE

THOUGHTS

HOW I FEEL TO DAY

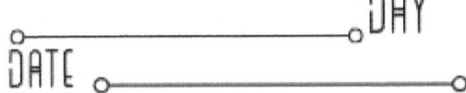

DAY

DATE

THOUGHTS

_____

_____

_____

_____

_____

_____

_____

HOW I FEEL TO DAY

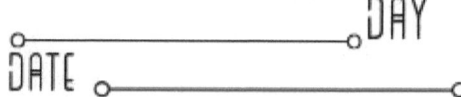

DATE _____ DAY

THOUGHTS

_____

_____

_____

_____

_____

_____

_____

_____

HOW I FEEL TO DAY

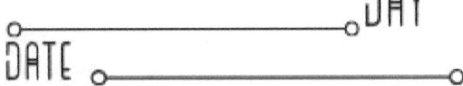 DAY

DATE

THOUGHTS

_____

_____

_____

_____

_____

_____

_____

_____

_____

HOW I FEEL TO DAY

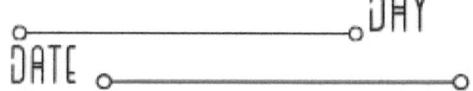

DAY

DATE

THOUGHTS

HOW I FEEL TO DAY

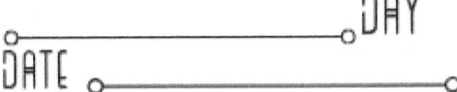

DAY
DATE

THOUGHTS

_____

_____

_____

_____

_____

_____

_____

HOW I FEEL TO DAY
   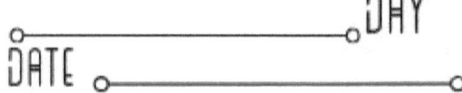

DAY
DATE

THOUGHTS

HOW I FEEL TO DAY

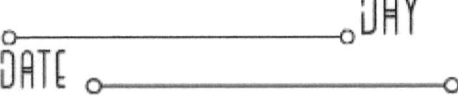

DAY

DATE

THOUGHTS

_____

_____

_____

_____

_____

_____

_____

_____

HOW I FEEL TO DAY

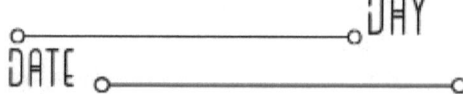

DAY

DATE

THOUGHTS

HOW I FEEL TO DAY

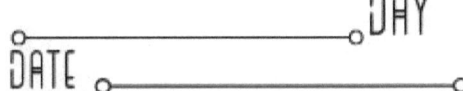

DAY

DATE

THOUGHTS

_____

_____

_____

_____

_____

_____

_____

_____

_____

_____

_____

HOW I FEEL TO DAY

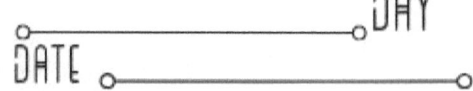

DAY

DATE

THOUGHTS

HOW I FEEL TO DAY

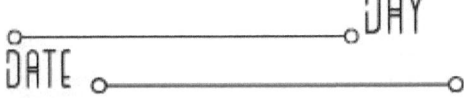
DAY
DATE

THOUGHTS

HOW I FEEL TO DAY

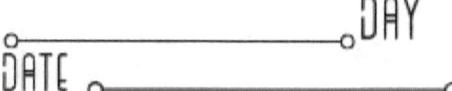

DAY

DATE

THOUGHTS

HOW I FEEL TO DAY

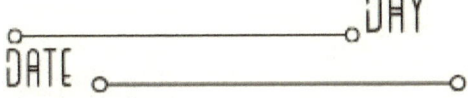

DAY

DATE

THOUGHTS

HOW I FEEL TO DAY

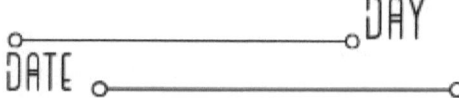

DAY _____

DATE _____

THOUGHTS

HOW I FEEL TODAY

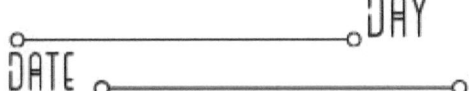

DAY

DATE

THOUGHTS

_____

_____

_____

_____

_____

_____

_____

_____

HOW I FEEL TO DAY

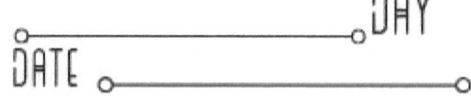

THOUGHTS

HOW I FEEL TO DAY

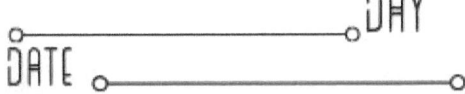
DAY
DATE

THOUGHTS

HOW I FEEL TO DAY

DAY

DATE

THOUGHTS

HOW I FEEL TO DAY

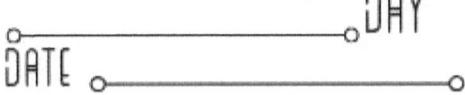

DAY

DATE

THOUGHTS

HOW I FEEL TO DAY

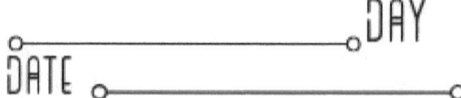

DAY ○————————○

DATE ○————————————○

THOUGHTS

HOW I FEEL TO DAY

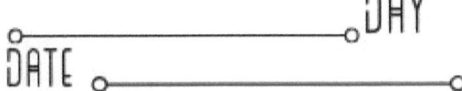

DAY

DATE

THOUGHTS

_____

_____

_____

_____

_____

_____

_____

_____

_____

HOW I FEEL TO DAY

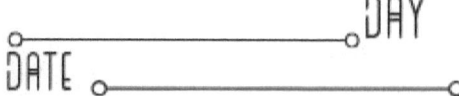

DAY _____

DATE _____

THOUGHTS

_____

_____

_____

_____

_____

_____

_____

HOW I FEEL TO DAY

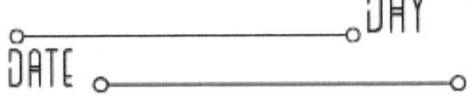
DAY
DATE

THOUGHTS

HOW I FEEL TO DAY

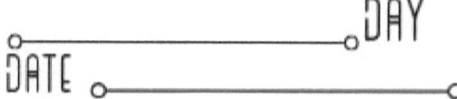

DATE

THOUGHTS

HOW I FEEL TO DAY

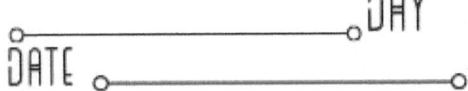

DAY

DATE

THOUGHTS

HOW I FEEL TO DAY

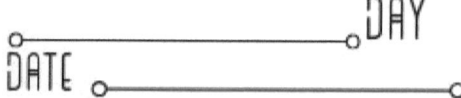

DAY
DATE

THOUGHTS

HOW I FEEL TO DAY

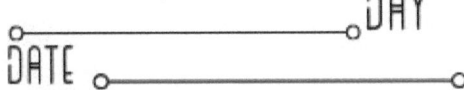

THOUGHTS

HOW I FEEL TO DAY

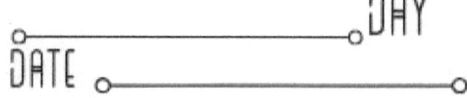
DAY

DATE

THOUGHTS

HOW I FEEL TO DAY

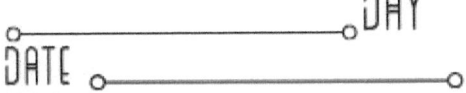

DATE

THOUGHTS

HOW I FEEL TO DAY

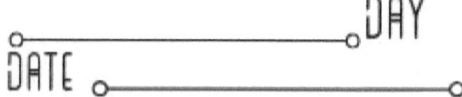

DAY

DATE

THOUGHTS

HOW I FEEL TO DAY

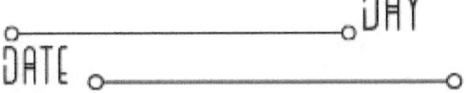

DAY

DATE

THOUGHTS

HOW I FEEL TO DAY

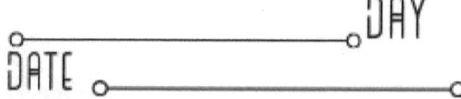

DAY o————————o

DATE o————————o

THOUGHTS

_____

_____

_____

_____

_____

_____

_____

_____

_____

_____

THOUGHTS

_____

_____

_____

_____

_____

_____

_____

_____

_____

HOW I FEEL TO DAY

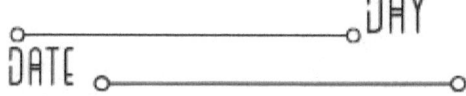
DAY

DATE

THOUGHTS

HOW I FEEL TO DAY

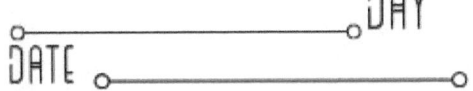
DAY
DATE

THOUGHTS

_____
_____
_____
_____
_____
_____
_____
_____

HOW I FEEL TO DAY

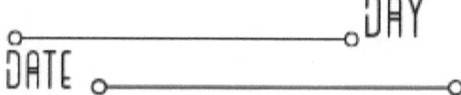

DAY
DATE

THOUGHTS

HOW I FEEL TO DAY

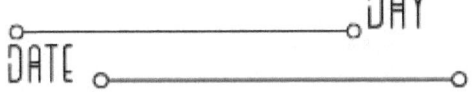

THOUGHTS

HOW I FEEL TO DAY

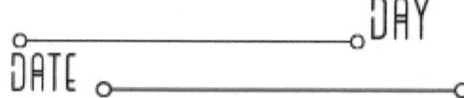

DAY _____

DATE _____

THOUGHTS

_____

_____

_____

_____

_____

_____

_____

_____

_____

HOW I FEEL TO DAY

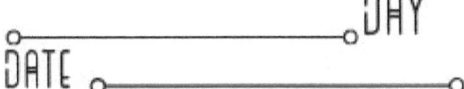

DATE ○————○ DAY

○————————————○

THOUGHTS

_____

_____

_____

_____

_____

_____

_____

_____

_____

_____

HOW I FEEL TO DAY

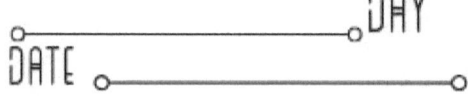

THOUGHTS

HOW I FEEL TO DAY

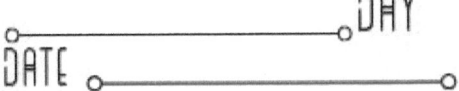

DAY

DATE

THOUGHTS

_____

_____

_____

_____

_____

_____

_____

HOW I FEEL TO DAY

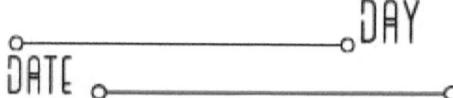

DATE

DAY

THOUGHTS

HOW I FEEL TO DAY

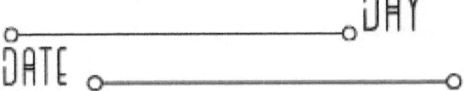

DAY

DATE

THOUGHTS

_____

_____

_____

_____

_____

_____

_____

HOW I FEEL TO DAY

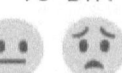

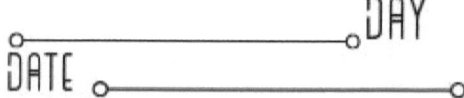
DAY
DATE

THOUGHTS

www.ingramcontent.com/pod-product-compliance
Lightning Source LLC
Chambersburg PA
CBHW030945240526
45463CB00016B/1961